200 días Obama Biden

Emilio Vega

Las promesas incumplidas de dos mandatarios
amigos.

Y de mucho mas que han llegado a Gobernar este
gran pais, haciendo promesas que bien o mal
Intencionados mienten a un sector de la sociedad
con fines de conseguir su voto.

La verdadera intención, solo ellos los saben.

Los resultados, los vivimos todos los inmigrantes
que vemos a diario las vicisitudes de nuestros
hermanos que no han regularizado su situación en el
país.

Dedicatoria.

Este libro lo dedico a todos los inmigrantes que en más de una vez son objeto de discriminación y menos preciados por más de una persona que sin fundamento alguno dicen que los inmigrantes les quitan trabajos y oportunidades.

A todos ellos dedico con todo cariño este libro.

Gracias Especiales:

Durante la pandemia covid-19 este servidor con un equipo de voluntarios dedicamos gran parte de nuestro tiempo a servir a las comunidades más vulnerables en Los Ángeles, aquí sus nombres con todo mi cariño.

María Concepción Morales, de cariño, La concha.

Norma Normita Morales y su esposo Arturo Morales

William Campos y su esposo Anayancy Ruiz

Oscar Brizuela

Armando García

Rosa Rivas

Andrea López

Vilma González y Su esposo Didier González

Griselle Juárez

Jaime Pecher

Jesús Amaya

Ruben sales

Frily Haroldo Dueñas

Josué Díaz

Rosa Hernández Miranda

David Cisneros y Esposa Ivonne Cimero y sus 2 hijos.

Carolina Zepeda

Menchy Rodríguez.

Isabel Hidalgo

¡Estos por contar algunos de las personas que amablemente dijeron presente en esta labor de ayudar a las familias de bajos recursos durante esta pandemia covid 19 y si he omitido algún nombrado de igual manera estaré estaré inmensamente agradecido con Dios! Por esta oportunidad de servir, y con ustedes por haberse hecho presente, lo que mencione y los que no mencione porque quizá no conozco sus nombres igual se los agradezco con toda mi alma.

Sobre el autor:

Emilio Vega, es un conocido cineasta y guionista.

Por 15 años consecutivos a dirigido el Festival internacional de Cine de Broadway en Los Ángeles.

Ganador de premios como mejor guionista en el Festival Internacional de Cine de Nueva York y Toronto en Canadá.

Amante de las causas sociales hecho que lo convierte en un fuerte aliado de los derechos de los inmigrantes.

Conecciones con el autor.

Email. emiliov@biff-la.com

Webside. www.biff-la.com

Canal de youtube Biffla19

Instagram biffla19

Twitter @biffla

Este libro no hubiese podido ser posible sin el apoyo
de buenos amigos como lo nombres que
encontramos aquí:

E.Iván Cuxeva

Jorge Orrantia

Fernando Núñez

Titulo Original

Obama & Biden 200 Days.

Sub Titulo.

Clinton Los 100 días que no se dieron.

Era el 10 de Febrero del año 2007 Presunto candidato a la presidencia de Estados unidos, nominado el 27 de Agosto del 2008 elección ganada 4 de Noviembre del 2008 Nombre Barack Hussein Obama 11.

Una de las cosas más recordadas por algunos es que Barack Obama era un desconocido cuando lanzo su campaña presidencial. senador por el Estado por Ilinio, pero para lanzar una campaña presidencial en Los Estados unidos se requiere mucho más que ser Senador por un estado de la unión American, ya que conlleva mucho lanzar una campaña fuerte y ganar una elección para presidente de los Estados Unidos.

Una de las cosas muy notables de este hombre es que el impulso la fórmula de recaudar fondos atreves de las redes sociales, logrando recaudar 86 millones de dólares en tan solo tres meses y parece que fue en gran parte lo que lo llevo a derrotar a su contrincante republicano Mitt Romney. Pero al hacer uso de redes sociales nuevas en ese tiempo, logro llegar a un sector de la sociedad que estaba en su momento bien enfocado en las redes sociales como novedad. esto aria que el sector juvenil estuviera de su lado ya que era un momento preciso para aplicar novedades.

Y por supuesto la técnica de la promesa de los ya famosos 100 días de promesa, esa reforma migratoria que ya han pasado cuarenta largos años que se vienen prometiendo reformas migratorias en los primeros cien días de la gestión de cada uno de los presidentes y que no termina de llegar.

El ex. Presidente Barack Obama aparece como un campeón de las deportaciones de inmigrantes según algunos estudios realizados en los últimas 4 a 5 décadas el presidente Obama es el que más personas a expulsado del país Superando a Ronald Reagan, George H W Bush, y George W Bush, y Bill Clinton y aun a Donald Trump, Barack Obama sigue encabezando esta lista de deportaciones contra nuestra gente.

Según este estudio aquí están las deportaciones masivas realizadas por este Señor:

Según datos publicados por el departamento de seguridad nacional (DHS) entre los años fiscales 2009 y 2015, el número de deportaciones fue de 2, 571,860. Y durante los 10 primeros meses del año fiscal 2016 (al 30 de julio) la oficina de inmigración y aduanas (ICE) contabilizo 196,497.

La suma de ambas cantidades da como resultado 2, 768,357 cifra a la que habría que añadirle los deportados entre agosto a enero 2017 cuando entrego la Silla presidencial al presidente Donald Trump, quien continuara la saga de deportaciones.

Según datos del DHS y del centro de investigación por la cifra de indocumentados durante la era de Obama se mantuvo en 11.3 de inmigrantes, dicho de otra forma, a estos 11.3 millones fue a quien iba la promesa, aunque con dicha promesa lo que ellos querían para dejarlo bien claro era nuestro voto el voto de los que somos ciudadanos de este país y de origen inmigrante que nos interesa que nuestra gente tenga un trato justo. Tristemente no paso de ser eso, promesas bacias y discursos estériles que no llegan a materializarse jamás.

Pese a las promesas de su agenda de una América para que perdure, como rezaba en su agenda parece que en esa perdurable promesa no figurábamos los hispanos pese a que le dimos el voto.

Es en realidad poco entendible como nuestra gente es muy fácil de convencer, con toda la evidencia que teníamos de que el presidente Obama no nos daría una reforma migratoria que ofreció en su campaña del 2008, que esto debió haber ocurrido en mayo del 2009 de haber sido cumplida esa promesa de los 100 días él tenía mayoría en el Congreso y mayoría en la cámara baja, solo que no quiso hacerlo, le dio prioridad a otras cosas o que se Yo, Pero de algo si estoy seguro es de que no cumplió una promesa de campaña hecha a nuestra gente.

Pese a este antecedente de ser el campeón en deportación de inmigrantes el 5 de noviembre del 2012. Nuevamente vuelve la promesa de los ya famosos cien días, en realidad este libro no debería llamarse los 200 días de Barack Obama y Joe Biden ya solo el mismo Obama acumulo ya sus 200 días de promesa. Creo que más bien el libro sería mejor, la doble mentira de Obama, ya que hizo la promesa dos veces y demás esta decirlo que no las cumplió.

Lo más difícil de creer no es que el hizo la misma promesa 2 veces y no solo no la cumplió, sino que deporto más inmigrantes que cualquier otro presidente en la historia moderna de Estados Unidos. pero lo que resulta difícil de entender es como nuestra comunidad volvió a creerle dicha promesa. Pese a todo lo ya dicho el 6 de noviembre del 2012 se convierte nuevamente en presidente de Los Estados Unidos venciendo en las urnas al republicano Mitt Romney. Y las preguntas quedan sin resolver. ¿Qué paso con Barack Obama y sus promesas a Los Inmigrantes Hispanos?

Resumen del capítulo uno: Se que algunos de los lectores se preguntasen, Pero Obama nos dios, DACA. (En Ingles) Deferres Action for Child Hood Arrivals.) Es una política migratoria del Gobierno de Estados Unidos para las personas cuyos padres trajeron indocumentados en la niñez. Y la respuesta es. SI. Pero la promesa fue, una reforma migratoria amplia para los 11.3 millones de indocumentados, no una migaja de migración y nuestro problema es que siempre nos conformamos con lo que la gente nos quiere dar si hay tiempo y no con lo que nos merecemos, y la verdad es que como lo han dicho mucho líderes políticos hacemos trabajos que son necesario y que la gente Norteamericana no quiere hacer pero si siempre nos conformamos con lo que nos quieran dar no vamos a avanzar y me refiero a los que votamos por estos personajes que deliberadamente nos prometen algo que no van a buscar como darnos, y esto lo digo porque este no es el primero que ofrece reforma migratoria en cien días y no dan nada y sino miremos la promesa de Joe Biden de los 100 días.

Este manuscrito no sugiere que todo lo hecho por Obama, es malo ni bueno ya que hablamos aquí específicamente de un tema en particular de una promesa no cumplida por dicho presidente. Como es bien sabido por la opinión pública aprobó la ley de salud asequible conocida como Obamacare en sus primeros 4 años de su gestión presidencial.

Ayudo a negociar el histórico acuerdo para combatir el cambio climático que 195 países firmaron durante el COP21 en parís en diciembre del 2015.

Así mismo como era de esperarlo trabajo un poco en la diversidad social y aunque mucho le dan el crédito a la corte suprema el abogó mucho por el matrimonio entre personas del mismo sexo la verdad es que el presidente Obama si trabajo bastante en este caso.

Clinton los 100 días que no se dieron.

Capítulo 2.

Como todos siempre preguntamos y hacemos especulaciones, y que hubiera pasado si, ¿Clinton llega a la presidencia?

Todos absolutamente todos los presidentes de Los Estados unidos de Norte América y digo casi sin lugar a equivocarme han deportado gente en algún momento de su mandato.

Pero a juzgar por la historia El presidente Clinton, fue más benevolente con nuestra gente, lo que nos hace pensar que hubiese sido todo muy diferente si Hillary Clinton hubiese ganado las Elecciones.

Lo que ahora estoy escribiendo es casi insólito ya que en Los Estados Unidos de Norte América Hillary Clinton es la primera mujer nominada a la presidencia por uno de los dos partidos que gobiernan este país y quizá por todo esto, la historia nos dice que todos hubiese sido diferentes si Hillary Clinton hubiese llegado a la casa Blanca ya que, por ser mujer, por ser la primera mujer presidente ella si hubiese cumplido esa promesa, pero esto como sabemos no se dio. Pero ella escúcheme bien, ella también prometió 2 veces los 100 días, solo que en diferentes circunstancias de las que el personaje del capítulo anterior.

Y es que la vida para esta destacada mujer no ha sido tan fácil, así como que, fue primera dama y todo se dio muy cómodamente, pues no.

Les escribo un poco de: Hillary Diane Rodham Clinton es político, Diplomático, Abogada, escritora, conferencista estadounidense que se desempeñó como la secretaria de Estado número 67 de Los Estados unidos del 2009 al 2013, senadora por el Estado de Nueva York del 2001 al 2009.

Creada en un suburbio de Park Ridge en Chicago, Clinton se graduó de Wellesley collage en 1969 y obtuvo su título de la facultad de derecho de Yale en 1973 tras ejercer como asesora parlamentaria en temas legales se mudó a Arkansas y se casó con el futuro presidente Bill Clinton en 1975, luego de haberse conocido en la Universidad de Yale.

En 1977 fundó, defensores para niños y familias de Arkansas una organización sin fines de lucro enfocada a apoyar a familias de bajos recursos.

Fue designada como la primera mujer presidente de la corporación de servicios legales en 1978, y se convirtió en la primera mujer socia del Rose Law Firm en Little Rock al siguiente año. El National Law Journal la incluyo dos veces entre los cien Abogados más influyentes de Los Estados unidos. Clinton Fue la primera Dama de Arkansas de 1979 a 1981 y nuevamente de 1983 a 1992 como la primera dama de Estados unidos, abogo por una reforma de salud. En 1994, su principal iniciativa el plan de salud Clinton, no logró tener la aprobación del Congreso. En 1997 y 1999 Clinton desempeño un rol crucial en promover la creación del programa estatal de seguro médico infantil y la ley de adopción y familias seguras y la ley de independencia de hogares de acogida. Clinton abogo por la igualdad de géneros en la conferencia de la ONU sobre la mujer en 1995.

Su relación marital fue sacudida públicamente escrutinizada durante el escándalo Lewinsky, llevándola a emitir un comunicado en el que reafirmaba su compromiso con su matrimonio.

Esto es lo menos que se puede decir de la Senadora Clinton ya que tiene toda una vida de servicio público y especialmente a las familias y como han visto un poco, nada fácil, pero es una mujer muy influyente pese a que el partido contrario al que ella pertenece, más de una vez a tratado de ensuciar su nombre.

Clinton fue nominada por el Partido demócrata a la presidencia de Estados unidos el 26 de julio del 2016, y termino esto con un triunfo lleno de dudas con más preguntas que respuestas para el partido republicano, que finalmente no tuvieron respuestas y las preguntas sigue sin responderse.

Viendo el trabajo filantrópico de Clinton me atrevo a decir que otra hubiera sido la historia de los Inmigrantes con Hillary Clinton en La casa Blanca.

Breve resumen de quien bien pudo haber sido nuestra presidente, la primera mujer presidente de Los Estados Unidos que bien pudo haber cambiado totalmente el rumbo de la historia de Los estados Unidos de Norte América y del mundo.

La campaña presidencial de Hillary Clinton 2016 fue anunciada por YouTube el 12 de abril del año 2015.

Hillary Clinton fue la secretaria de Estado número 67 de Los Estados Unidos y sirvió durante los primeros 4 años de la presidencia de Barack Obama del 2009 al 2013.

Previamente había sido senador por el estado de Nueva York, del 2001 al 2009. Esposa del Ex presidente Bill Clinton fue primera dama de Los Estados Unidos de 1993 al 2001.

El contrincante más fuerte para Hillary Clinton fue el senador Bernie Sanders en las elecciones primarias del 2016.

Después de la nominación recibió el apoyo de Sanders. Los principales grupos que apoyaron la campana de Clinton fueron los Afroamericanos, Latino, y votantes mayores de 40 según algunas encuestas.

Yo sigo opinando que el mundo fuera un poco mejor si Clinton hubiera llegado a ser presidente, ya que la influencia del presidente de Los Estados unidos Pesa mucho en el mundo, cuatro años claves para la historia del mundo se perdieron en un Circo de quinta categoría al tener en la casa Blanca del 21 de enero del 2017 al 21 del 2021 fue un verdadero atraso en el tiempo y bueno ustedes lectores que son tan buenos sabrán ver quien estuvo en la casa Blanca en estos años.

Resumen del capítulo 2.

La historia de amor de Hillary y Bill Clinton.

¡40 años de matrimonio!

Así ha sido la historia de amor de Bill y Hillary Clinton.

Hillary y Bill Clinton han estado casados en el ojo público durante décadas. Han pasado por todo tipo de escándalos y escrutinio y pese a todo esto llevan más de 40 años casados.

Todo empezó una primavera de 1971 en la Universidad de Yale. La primera vez que la vi, estábamos en una clase de derecho político y civil. Tenía el cabello rubio espeso, lentes grandes, no usaba maquillaje. Y daba la sensación de una mujer fuerte, de autocontrol que encontré mágica. Dijo el presidente Bill Clinton en un discurso en el 2016.

Su primer encuentro ocurrió en la biblioteca de la universidad de Yale, Estando de un extremo a otro de la biblioteca y Bill la quedo viendo y ella dejo su libro y se acercó a él. Mira si vas a seguir mirándome voy a regresarte la mirada. ¿Al menos deberíamos saber el nombre uno del otro no crees? ¿Soy Hilary Rodham, y tú quién eres? Pregunto ella haciendo la primera movida.

Es increíble que Hillary Clinton ha trabajado desde esta época de los años 1970 y quizá desde antes por el derecho a las mujeres y minorías, en el ano clave cuando por primera vez lograríamos finalmente tener una mujer presidente en Los Estados Unidos fueron las mujeres las que votaron por Donald Trump y no por Hillary Clinton.

100 días de Joe Biden.

CAPITULO 3

Joseph Robinette Biden Jr. Es el presidente número 46 de Los Estados Unidos de América. Partido demócrata y sirvió como vicepresidente durante los dos periodos de Barack Obama del 2009 al 2017 fue senador por el estado de Delaware desde 1973 hasta el 2009.

El actual presidente de Los Estados Unidos de Norte América conoce de primera mano las fallida promesas de una reforma migratoria, ya que él fue vicepresidente durante la tan recordada, esperada y fallida reforma migratoria durante Barack Obama.

Lo irónico de este caso es lo siguiente: Barack Obama no solo no cumplió con la promesa de una reforma migratoria en los primeros 100 días de su gestión de gobierno de 4 años, sino que se convirtió en el presidente de Los Estados Unidos que a deportado más inmigrante en la historia moderna de la nación.

Ahora ya estamos sobre el tiempo, y todo indica que la situación del covid-19 esta hasta el momento favoreciendo al presidente Joe Biden, ya que la promesa ya se cumplió y han ya pasaron 100 días y no parece recordar dicha promesa. La pregunta ahora es. ¿Se nos olvidara a los votantes que se nos hizo una promesa?

En el mundo tan convulsionado que vivimos algunos olvidan con facilidad Las promesas de los políticos y otros justifican el olvido del presidente ya que estamos viviendo momentos muy difíciles en la historia del mundo entero, sin embargo la gente de palabra lo que dice lo cumple sin importar la situación en que el mundo se encuentre, ya que esto es lo que da testimonio de quienes somos cuando cumplimos las promesas y si un ser humano común y corriente cumple sus promesas pese a lo difícil que es el mundo porque el presidente debería justificarse que no cumpla su promesa, y él con mucha más razón ya que pidió mi voto a cambio de cumplir una promesa.

Los cien días de la promesa de Biden se cumplieron en desde principio de mayo del año 2021 y estamos en navidad del 2021 y por el momento no se escucha nada de reforma migratoria, y en tiempos de corona virus nadie toca el tema excepto alguna persona que hasta nos ven raros porque recordamos las promesas y cosas tal y como han sido formuladas por el anunciante, en este caso el presidente Joe Biden.

Esto parece favorecer al presidente ya que está muy cómodos sin que nadie le pregunte sobre el tema y ahorita los periodistas de las cadenas de televisión están muy entretenidos en el tema del corona virus y no tienen tiempo para joderle la vida al presidente con la promesa de migración durante los primeros 100 días.

Aquí en Los Estados Unidos ese es otro tema que muchas veces favorese cuando los periodistas no tienen mucho que hacer en otras áreas y presionan al presidente hasta que se ve forzado a actuar muchas veces.

De una cosa si estoy seguro y es que hasta el momento el presidente Joe Biden también nos ha fallado y según expertos en el tema no se ve venir una reforma migratoria en los meses por venir. Que va hacer Joe Biden no se sabe, sabemos que el panorama político en la Nación puede cambiar en estos años, que la situación favorable que él tiene en la cámara baja y el Congreso pueden cambiar y si ese cambio que los republicanos esperan en este año ocurre, los 100 días de promesa de Biden a Los Inmigrantes pasara a la historia como otra promesa gris de los políticos Norte Americanos a nuestra gente.

Solo basta que miremos el discurso de la vicepresidente de Los Estados Unidos en Guatemala en su Visita a la región de México y Centro América el 7 de junio del 2021. Y fue un mensaje frio a los inmigrantes de esa región. No venga a Estados Unidos Kamala Harris vicepresidente al lado de Joe Biden No vengan a Estados Unidos Si vienen los regresaremos, No vengan a Estados Unidos.

¿Cómo Interpretar esta situación? Si hace apenas unos meses esta mujer salió a hacer campaña ofreciendo a Los Inmigrantes que si votábamos por ella y su compañero de boleta tendríamos una reforma migratoria, y hoy viene a nuestros países y nos dice así tan fríamente "Do Not COME" NO VENGAN.

Y este servidor que les escribe aquí no es un profeta, pero les aseguro en 2022 esta misma mujer que dijo no vengan, no vengan saldrá para hacernos la misma promesa.

Resumen del capítulo 3

Joe Biden y Los latino.

La verdad es que hay en esta relación una historia difícil que no se termina de concretar debido al historial de Biden como vice presidente en la era Obama, siendo este el presidente que más latino a deportado en la historia de Los Estados Unidos y cuando Biden quise abordar a los líderes de Organizaciones latinas durante la campana, se encostro con una frialdad terrible y no concretaron nada, y para ser honesto nuestra raza nunca a tenido buena reputación de ser buenos en este tipo de negociaciones, porque la verdad es que al final siempre salimos con poco o casi nada de resultados en este tipo de negocios y sino mirémoslo con el mismo Obama y su promesa de los ya históricos 100 días.

Al principio del mandato Biden Harris todo indicaba que sería una muy buena relación, ya que abordo algunas organizaciones y dirigentes latinoamericanos dándoles buen tiempo en la casa Blanca para que expresaran sus inquietudes con respecto a dicha comunidad, tristemente no paso de ser eso una reunión más que no concreto nada ya que estamos a punto de cumplir un año de la toma de posesión Biden Harris y las reforma migratoria de 100 días no se ve venir en el horizonte cercano y con las elecciones de medio término y la potencial perdida de la cámara baja para Biden se vuelve cuesta arriba el cumplimiento de dicha promesa.

Elecciones 2022.

Capítulo 4

Elecciones de Medio término en Los Estados unidos.

El 6 de noviembre los estadounidenses renuevan un tercio del senado y la totalidad de la cámara de representantes. También eligieran Gobernadores y parlamentarios locales. Además del pulso entre el partido Republicano y el demócrata, estos comicios son un referendo sobre la presidencia de Joe Biden. Esta es la clave para entender porque son unas elecciones cruciales.

Estados Unidos concentra la atención del mundo. En medio de la pandemia y la polarización que vive el país, las elecciones de medio término definen si El partido demócrata conserva su estrecha mayoría que tiene en el congreso y la cámara baja, si los Republicanos logran controlar una de las dos cámaras ya sea el congreso o la cámara baja, esto va determinar que tanto margen de gobernabilidad tendrá Joe Biden en los siguientes dos años, y si Los

republicanos llegan a contralar una de las cámaras…
Los 100 días de promesa de Biden a los Inmigrantes
concluirán vacíos como una simple promesa que
paso de largo.

En estos comicios hay mucho en disputa. Si los
Republicanos llegan a obtener el control de la
cámara de representantes, hoy en manos de los
Demócratas, tendrán el poder de bloquear la agenda
legislativa del presidente Joe Biden En el Congreso
bloqueando los proyectos claves del presidente.

Las elecciones de medio término se celebran en la
mitad del mandato presidencial, del ocupante de la
casa Blanca de cualquier partido que este sea.

En esta elección de medio término el Congreso
reemplaza 35 de sus 100 escaños. Por otra parte, la
cámara de representantes cuenta con 435 integrantes
y en esta comisión serán elegidos en su totalidad.

"La Constitución de Estados Unidos establece que
toda la cámara los 435 Escaños se renuevan cada dos
años.

También establece que 36 estados de la unión
American votaran por gobernadores en toda la
nación, así como parlamentos locales.

Por dicha razón lo que está en juego en estas elecciones de medio término es grande para el presidente, no solo porque estamos eligiendo, congresistas y senadores, parlamentarios locales y gobernadores sino porque siembra un precedente como han sido los primeros dos años del presidente en turno. En este caso el demócrata Joe Biden.

¿QUE ESTA EN JUEGO EN EL CONGRESO?

El control del capitolio está en manos de Los demócratas (Partido del gobierno) Tanto en el senado como en la cámara baja los demócratas tienen un estrecho margen.

El poder legislativo es el encargado de poner en marcha o frenar los proyectos que tenga en desarrollo el presidente y los partidos.

Y es el departamento que ejerce control político sobre el poder ejecutivo y es la que tiene poder de investigar activamente al presidente. Aquí la importancia de que su partido mantenga la hegemonía del poder. La pregunta que surge ahora es. ¿Qué posibles, o escenarios le quedan a Biden si los republicanos logran controlar por lo menos una de las dos cámaras?

Como ya sabemos, los republicanos no tendrán clemencia por la agenda del presidente ya que está claro que ellos no quieren apoyar para nada una reforma migratoria, así que la promesa de Joe Biden de los 100 días como quien dice está agonizando, sino es que ya fue sepultada, porque literalmente esta ya bien pasadita porque se venció desde mayo del 2021 y estamos ya entrando al 2022.

Está bien sepultada esta promesa y solo un milagro la puede volver a la vida, y esto digo si es que quien la hizo está interesado en que reviva, que yo para ser honesto tengo mis dudas, pero bueno el tiempo lo dirá.

¿Ahora que importancia he implicación tienen las elecciones de medio término y la promesa de los 100 días preguntaran algunos?

Bueno como ya vimos el presidente quiere tener la agenda libre de compromisos y potenciales bloqueos a su gestión de cuatro años, si hay comicios, requiere nuevamente de nuestro voto para mantener la mayoría en el congreso y la cámara baja eso dice que vuelve a necesitar de nuestro voto… A los que somos inmigrantes nos prometió una reforma migratoria para nuestra gente, no nos lo dios, y ahora como le hacemos para creerle, ¿que nos irá a prometer ahora? Esta vez tiene mayoría en ambas cámaras y no nos dio la reforma migratoria. Si esta vez nos promete lo mismo que si mantienen la mayoría en el congreso y la cámara baja si nos dará la tan ansiada reforma migratoria. ¿Qué hacemos ahora? ¿Siendo vicepresidente nos mintieron, siendo presidente nos mintió…Como le creeremos ahora?

Así que está por verse que será lo que hará Joe Biden, con su promesa, los potenciales cambios que se avecinan en estas elecciones de medio término 2022.

Resumen del capítulo 4

Las elecciones al senado de Los Estados Unidos se llevarán a cabo el 8 de noviembre del 2022. 34 de los 100 escaños del senado se disputarán en elecciones ordinarias, cuyos ganadores cumplirán mandatos de 6 años en el Congreso de Los Estados unidos a partir del 3 de enero del 2023 al 3 de enero del 2029. Los Senadores se dividen en 3 grupos o cuyos mandatos se escalonan de modo que se elija una clase diferente cada 2 años. Por ejemplo: Los Senadores de la clase 3 fueron elegidos por última vez en el 2016 y volverían a ser elegidos en el 2022.

Con la caída de la popularidad de Joe Biden Su archirrival Donald Trump respira un poco de alivio.

Las alarmas del equipo presidencial de Biden se han puesto en alerta máxima tras la caída de su popularidad el triunfo del candidato republicano en las elecciones a gobernador de Virginia han hecho que seguidores y asesores se pongan en guardia.

Igual en el Estado de Nueva Jersey, donde el Gobernador demócrata, Phil Murphy obtuvo un resultado muy por debajo de lo esperado y con una dudosa proyección en el día de la elección, aunque al fin logro continuar como gobernador.

Estamos ya a meses de esta elección de medio término, donde los demócratas cuentan con una muy leve mayoría y en la que los Republicanos suenan salir favorecidos el 8 de noviembre del 2022 y esto daría un giro total al Gobierno de Joe Biden y le complicarían mucho la agenda y la vida política.

Capítulo 5

"W Bush Fox Relación.

Esta trágica y fallida historia de reforma de inmigración en Los Estados Unidos no es nueva solo basta con que nos remontemos tan cerca como a la historia de los 90 para ver como en el tiempo de la presidencia de George W Bush en El Norte y Vicente Fox del lado Sur, y esa dinámica de los dos amigos vaqueros del Oeste y todo el mundo dijo: Ahora si se da la reforma Migratoria ya que con los dos vaqueros del oeste, amigos y presidentes de seguro que se da.

Pero no vasto la amistad ni la potencial buena voluntad de ambos amigos. Hay un dicho que reza así/ En la política no hay amigos y todo indica que aquí se aplicó dicho proverbio.

Vicente Fox presidente de México del año 2000 al 2006 visito más de una vez a su amigo George W Bush no sé cuántas veces en el rancho Prairie Chapel en el Estado de Texas Y lo mismo hizo El presidente George W Bush visito el rancho de Vicente Fox, La Silla rota en el Estado de Guanajuato.

Pues la historia del presidente George W Bush en la casa Blanca empezó como algo muy agridulce para la democracia en Estados unidos ya que el escándalo del robo de las elecciones en La Florida y que al final fue la corte suprema de Estados unidos quien decido quien sería el presidente y no necesariamente los que votamos ya sea por el lado Republicano con George W Bush o los que votamos del lado demócrata por Al Gore. Pero vamos a regresar al caso de migración que es lo que nos trajo hasta aquí ya que esta historia de las Elecciones solo era como una breve semblanza del mandato de Bush y sus amigos.

El presidente George W Bush era muy impopular quizá debido a este escándalo como llego a la Casa blanca, antes de la caída de las torres gemelas o 911 él era súper impopular. Nuestra gente es bien crédula y casi siempre le venden cuentos y uno de los cuentos que vendió muy bien vendidos Bush es que su Esposa Laura Bush es hispana y que por eso el estaría del lado de Los inmigrantes y todo se miraba ir muy bien hasta que una mañana del día 11 de septiembre del 2001 un grupo de terroristas atacan La ciudad de Nueva York derribando las torres que eran conocidas como el centro mundial de comercio y créanmelo que lo que escribo ahora es verdad. El mundo literalmente se paralizo. Después de ese día hubo un antes y un después el mundo nunca volvió a ser igual después de ese día.

Vicente Fox presidente de México había estado reunidos con George W. Bush solo 5 días antes del 11 de septiembre para discutir una reforma migratoria que Legalizaría a unos 3 millones de trabajadores agrícolas quienes obtendrían primero una residencia temporal y luego una residencia luego obtener la ciudadanía estadounidense. ¿Así hemos estado de cerca de que nos den esa reforma migratoria, y se nos ha escapado, como dicen como el agua entre los dedos, y nuevamente nos dejan plantados como novia de pueblos porque será pregunto Yo?

porque quise aquí dibujar esta relación entre dos presidentes de México y Estados unidos? Son

Amigos, de cierta forma comparten ciertos ideales, comparten ciertos valores y principios y cosas básicas que no tienen que ser presidentes para reunir dichos conjuntos de sentimientos que un buen ser humano puede tener.

Aquí les dejo algo que aparentemente evito que esta tan ansiada reforma migratoria no se diera, y esto solo es lo que dicen, no me consta que sea cierto y es casi imposible de comprobar ya que nunca conoceremos afondo lo que hay detrás de tanta promesa fallida.

A las 8:46 am. Del 11 de septiembre del 2001 un vuelo de americana air line viajaba de Boston a (Massachusetts) a Los Ángeles (California) Choco la torre norte del centro mundial de comercio (World Trade Center) de Nueva York. Diecinueve minutos más tarde un segundo avión golpeo la torre sur. Un minuto antes de las 10 Am. La primera torre (la sur) se desplomo. A las 10:28 am colapso la norte. A partir de entonces todo cambio incluso el futuro de 11.3 millones en estos días.

No solo las torres gemelas se derribaron sino también los sueños de estos millones de inmigrantes de diferentes partes del mundo, porque quiero puntualizar para cerrar este capítulo, los inmigrantes no son solo de México, Centro y Sud American son de muchas partes del mundo.

Ahora vuelvo a preguntar. Sera la administración Biden Harrys la que va dar este paso tan esperado?... Pero el Mensaje que dejo la Sra. Vice Presidenta Kamala Harris en Guatemala no fue muy alentador. NO VENGAN Do NOT CAME.

Resumen del capítulo 5

Declaración del presidente George W Bush y del presidente de México Vicente Fox durante lacedemonia de llegada a Los estados Unidos en el (South Lawn) El 5 de septiembre del 2001, a las 10: con 12 minutos hora de Estados unidos.

Presidente Bush: Sr. presidente, Sra. Fox, Miembros de la delegación mexicana y distinguidos invitados. En nombre del pueblo estadounidense, me honro en darles la bienvenida a Los Estados Unidos.

México fue el primer país que visite como presidente. Hoy tengo el privilegio de darle la bienvenida al presidente Fox durante la primera visita de Estado de mi Gobierno. Este es un reconocimiento que no existe una relación en el mundo de mayor importancia para Los Estados Unidos que aquella que tenemos con México.

El punto de partida de una política exterior solida es crear un vecindario estable y próspero, con buenas relaciones entre vecinos. Los buenos vecinos trabajan juntos y se benefician de su éxito mutuo.

Sr. presidente, usted es un patriota mexicano con una gran misión para un gran pueblo-una visión de justicia y prosperidad. Su elección marco el renacimiento de libertad para México y sirvió de ejemplo para el mundo entero. Estados Unidos se enorgullece de estar a su lado como su asociado y como su amigo.

Nuestras naciones tienen una oportunidad histórica de forjar una coalición autentica basada en la confianza y la libertad. Desde 1994 el tratado de libre comercio entre nuestros dos países y Canadá han creado millones de trabajos y han mejorado millones de vidas. El tratado de libre comercio sirve como un modelo de los beneficios que se hacen posible cuando el comercio es libre. Actualmente nuestras dos naciones trabajan juntas para ampliar los beneficios del comercio libre por todo nuestro hemisferio y por todo el mundo.

Un proverbio mexicano dice que aquel "que tiene un buen vecino tiene un buen amigo". Hoy nuestros dos países están comprometidos a ser buenos vecinos y buenos amigos. Los amigos se tratan con buena fe, y discrepan con respeto. Los amigos se mantienen unidos en épocas buenas y malas.

Más que nada Los amigos hacen resaltar lo mejor de cada uno. Actualmente México y Los Estados unidos están haciendo resaltar lo mejor de cada uno – en el comercio, en la cultura, y en nuestra dedicación compartida a los valores democráticos. Estamos forjando una relación que es única en el mundo, una relación de una intimidad y cooperación sin precedentes. Y esta visita es un hecho memorable de esa travesía.

Presidente Fox, Usted me acogió en su hogar en Guanajuato en febrero. Hoy, nos honra a Laura y a mí y al pueblo estadounidense darle la a usted y a la Sra. Fox a la casa blanca y a nuestro país.

Esto es parte de la bienvenida de Bush al presidente Fox de México a escasos 6 días del 911. Y en aquella época lejana en el tiempo también hubo los 100 días de promesa y saz que se viene el 911. Llega Obama con sus 100 días y saz la caída económica.

¿Llega Biden y qué? Zaz la pandemia COVID 19 sea por Dios que vamos hacer ahora?

No cuaja esto, las palabras bonitas del lado norte no han sido suficientes y aunque lo tomamos con buen humor nos han visto la cara y ni que hacerle.

Migración en el Mundo

Capítulo 6

¿Cuándo comenzaron las personas a emigrar a Los Estados Unidos?

Desde finales del siglo XIX hasta principio del XX, antes de la primera Guerra mundial, más de 30 millones de inmigrante europeos, en su mayoría del sur, centro, y este de Europa, Emigraron a EE. UU. Aproximadamente para 1910, habían más de 13,5 millones emigrantes legales, lo que aumento la población considerablemente.

Un gran número de inmigrantes, principalmente católicos, judíos europeos de habla inglesa, emigraron a Estados Unidos, bajo la promesa de empleos y prosperidad financiera. Tuvieron que tomar la dura decisión de dejar atrás a sus familiares, amigos y forma de vida, sabiendo cuán difícil seria ganarse la vida y enviar dinero a casa. En la actualidad, es muy fácil enviar dinero los familiares con los sistemas modernos con que contamos. Todo indica que han cambiado muchas cosas y los humanos hemos cambiado también, solo que no nos hemos sensibilizado mucho ante un fenómeno que no es nada nuevo como es la inmigración en el mundo.

Estos son los grupos de emigrantes de estos tiempos.

Italianos

Irlandeses

Británicos

Alemanes

Húngaros

Polacos.

Inmigrantes Africanos forzados.

Lamentablemente, no toda la inmigración a Los Estados Unidos fue bajo la promesa de la autodeterminación.

Entre 1625 y 1866 aproximadamente 388.000 africanos fueron llevados a América a la fuerza para ser vendido como esclavos y trabajar en servidumbre.

Cuando llegaron muchas familias fueron separadas u vendidas, y obligados a trabajar en régimen de servidumbre en condiciones infra humanas en el país en desarrollo.

La proclamación de emancipación que se firmó en 1865 abolió la figura jurídica de la esclavitud en todo el país.

Aunque los afros estadounidenses tienen raíces duras y dolorosas, su inmigración forzada produjo una gran comunidad vibrante. En la actualidad hay aproximadamente 42 millones de afro estadounidenses en Los Estados unidos, lo que representa el 12.2 % de todos los estadounidenses.

Aunque las consecuencias de la esclavitud aun repercuten en la sociedad moderna, los descendientes de países africanos y caribeños siguen enriqueciendo a Los Estados Unidos.

Consecuencias de la inmigración.

A medida que surgieron nuevas oleadas migratorias, Los Estadounidenses expresaron abiertamente su xenofobia, lo que desencadeno acciones políticas federales.

1849-El movimiento Know Nothing surgió como un partido político anti emigrante para tomar a los grandes grupos de inmigrantes irlandeses y alemanes.

1882 la ley de exclusión China que le prohibía a los Chinas viajar a Los Estados unidos.

El plan de industrialización, Los Ciudadanos Estadounidenses blancos culpaban a los trabajadores chinos por los bajos salarios.

Inmigración a través de la Isla Ellis.

Los 12 millones de Inmigrantes que ingresaron al país por la Isla Ellis Volviendo a Estados unidos un Cumulo de Cultura.

En 1886 El pablo de Francia regala a los Estados unidos La Estatua de la libertad al pueblo estadounidense como símbolo de la amistad eterna entre los dos pueblos y celebración del centenario de la declaración de independencia de Estados unidos.

1903 la peona "el nuevo coloso de Emma Lazarus agrego la base de la Estatua de la libertad.

Estados unidos llego a ser conocido como un refugio seguro para quienes buscaban refugio seguro de condiciones peligrosas en el extranjero. Durante la gran hambruna que asolo a Irlanda. Inmigraron a

Estados unidos 1,5 millones de irlandeses entre 1845 y 1955.

La Xenofobia continúa.

El acuerdo de caballeros, similar a la ley de exclusión China, se firmó en 1907 para limitar la inmigración japonesa a Estados Unidos. Una vez más, Los Estadunidenses blancos les preocupo el hecho de que perderían sus empleos y ganarían menos dinero si demasiados japoneses se establecían en el país, Especialmente en California. Japón acordó limitar la inmigración.

Casi 2 décadas más tarde. La ley de inmigración 1924 se establece como un sistema de cuotas para limitar la cantidad de inmigrantes que entraban a Estados unidos. Y particularmente a los asiáticos.

Resumen del capítulo 6.

Aunque Los Estados Unidos es sin duda un país de Inmigrantes, "la llegada de nuevos ciudadanos si crea tención entre con los hijos de los que llegaron en otros tiempos. A pesar de esto, los datos muestran que los más de 43 millones de inmigrantes que viven actualmente en el país del norte y sus 39 millones de hijos estadounidense hacen una contribución fundamental a la encomia del país, incluso los que están de manera irregular en el país. Los mitos que asocian inmigración con la delincuencia o abuso de servicios sociales es solo eso, un mito, mentira o escusa política con fines macabros contra nuestra gente.

Efectos de la segunda guerra mundial.

Capítulo 7

Como la segunda guerra mundial resulto en escases de personal, se promulgo el programa Bracero en 1942, el cual permitió que trabajadores mexicanos entraran a Estados Unidos para resolver el asunto de forma temporal.

A medida que el holocausto se extendió por todo Europa, ciudadanos particulares y organizaciones religiosas comenzaron a ayudar a los refugiados que buscaran asilo en Estados Unidos, estos ciudadanos privados fueron los que impulsaron la reforma migratoria y de hecho sus esfuerzos finalmente inspiraron la ley de personas desclasas de 1948.

La primera legislación en materia de refugiados de estados unidos. Esta ley de refugiados fue la primera en su tipo en Los Estados Unidos. Y ayudo a abordar la gran cantidad de europeos que buscaban vivir en Los Estados Unidos después de la guerra.

Actual Inmigración en Estado Unidos.

El Congreso aprobó la ley de inmigración y naturalización en 1965. Esta legislación fue un gran logro para los defensores de la diversidad en Los Estado unidos, dado que abolió el sistema de cuotas, que solo permitía un cierto número de inmigrantes y refugiados. Esta ley también acabo con la formula nacional de orígenes, que daba preferencia a los migrantes europeos sobre los de otros países.

En su lugar, se trató de una nueva política, migratoria basada en un sistema de preferencias busca reunir a las familias a través de migrantes que son altamente calificados para impulsar la economía nacional.

Daca.

En la actualidad se siguen promulgando leyes de inmigración en Estados unidos aun un poco a regaña dientes como la última promulgada por el presidente Barack Obama en el 2012 a través de una orden ejecutiva de Obama.

Obama firmo la acción diferida para los hijos de llegados, en la infancia (DACA) Protege a los hijos de inmigrantes sin documentos de la deportación. Sin embargo, DACA no provee una vía para la ciudadanía, y estos jóvenes no se consideran residentes permanentes de Estados unidos.

Hemos hecho un muy breve recorrido por la historia de Migración de Estados unidos y la pregunta sigue en el aire, Que va hacer Joe Biden por Los Inmigrantes, complicara su promesa de campaña de los 100 días?

Que bien poco por decir después de escuchar a su vice presidenta en Guatemala diciéndole a la gente que no vengan a Estados Unidos.

¿Y cuando vuelva Kamala Harris a las campanas prometerá ella misma otros 100 días?

De que lo hacen, lo hacen, pero surgen más preguntas, los votantes hispanos volveremos a creer en este cuento chino… Bueno está por verse.